ASSOCIATION BÉARNAISE

POUR LE

REPOS DU DIMANCHE

SOUS LA PRÉSIDENCE DE

M. LE BARON SÉGUIER

CONFÉRENCE

FAITE A PAU

DANS LA SALLE DES CONCERTS DE LA MAIRIE

LE 20 MARS 1894

Par M. Henry LASSERRE

AVOCAT A LA COUR D'APPEL

PAU

IMPRIMERIE VIGNANCOUR. — S. DUFAU, IMP.

—

1894

ASSOCIATION BÉARNAISE

POUR LE

REPOS DU DIMANCHE

SOUS LA PRÉSIDENCE DE

M. LE BARON SÉGUIER

CONFÉRENCE

FAITE A PAU

DANS LA SALLE DES CONCERTS DE LA MAIRIE

LE 20 MARS 1894

Par M. Henry LASSERRE

AVOCAT A LA COUR D'APPEL

PAU

IMPRIMERIE VIGNANCOUR. — S. DUFAU, IMP.

—

1894

M. le Baron Séguier, à l'ouverture de la réunion, prononce l'allocution suivante :

Mesdames, Messieurs,

Des hommes de bonne volonté s'inspirant de ce
qui a été fait par la Ligue populaire pour le repos du
Dimanche, à Paris, ainsi que dans d'autres villes, et,
tout près de vous, à Bayonne, ont pensé qu'il serait
utile de créer à Pau une Association de cette nature,
pour y assurer autant que possible le repos du
Dimanche.

Réduits à nos propres forces, nous ne pouvons
rien ; avec votre concours, Mesdames et Messieurs,
nous ferons certainement beaucoup de bien. Aussi
nous vous remercions d'avoir bien voulu répondre à
notre appel et venir en si grand nombre dans cette
salle que nous devons à la bienveillante hospitalité
de Monsieur le Maire de Pau : ce n'est pas le seul
bienfait dont nous lui soyons redevables.

Aux débuts de notre Association, dès la première
heure, M. Faisans a consenti à joindre son nom aux

nôtres ; c'était pour nous un moyen de propagande presque infaillible et l'occasion de grandir à l'ombre de cette autorité si considérable et si spéciale qu'il a su conquérir à Pau : juste récompense, Messieurs, des rares facultés de décision, d'intelligence, d'activité et de courtoisie que M. Faisans dépense sans compter au service de la Cité.

Mesdames, pour vous bien exposer le but de notre Association, pour traduire, comme il convient, les sentiments de Justice, de Liberté, de Fraternité chrétienne qui nous animent, nous avons pensé que le mieux était d'en confier le soin à un de ces Conférenciers que vous avez pris coutume de venir entendre et applaudir.

Nous n'avions que l'embarras du choix dans cette phalange d'hommes jeunes et de mérite qu'a fait éclore parmi nous le souffle créateur et vivifiant de notre très cher et excellent Président de la Société des Sciences, M. Adrien Planté.

Comme nous étions encore sous le charme de la Conférence faite par M. Henry Lasserre sur le Maréchal Bosquet, c'est à M. Lasserre que nous avons porté notre requête.

J'ai conservé, pour ma part, le plus charmant souvenir de notre première entrevue avec lui.

C'était le matin d'un de ces jours enchanteurs comme on en rencontre souvent à Pau.

Le cabinet de travail dans lequel M. Lasserre nous recevait, est grand, confortable, élégant même ;

beaucoup de livres dans ses bibliothèques, de nombreux dossiers sur ses tables, mais tout parfaitement en ordre.

Un beau rayon de soleil illuminait cette vaste pièce où tous trois, Messieurs de Menvielle, Viguerie et moi (ils ne m'en voudront pas de l'avouer devant vous, Mesdames,) où tous trois, dis-je, déjà parvenus au soir de la vie, nous sollicitions ce jeune homme de mettre son talent au service du bien public.

M. Lasserre, vous n'en doutez pas, fut tout ce qu'il devait être; cependant, lui généralement si bien inspiré quand il défend la cause des autres, nous parut moins heureux, plaidant ce qu'il appelait son insuffisance. Il ne pouvait nous convaincre.

Aussi bien, comme il a autant de cœur que de talent, il se rendit à nos instances.

Nous tenions à l'en remercier ici publiquement au nom de notre Association; mais, ce devoir accompli, j'ai hâte de lui céder la parole, pour ne pas retarder plus longtemps le plaisir que nous aurons tous à l'entendre et à l'applaudir de nouveau.

CONFÉRENCE DE M. HENRY LASSERRE

Mesdames, Messieurs,

Confus et ému du témoignage de confiance qu'ont
bien voulu me donner les promoteurs de l'Association
béarnaise pour le Repos du Dimanche, et des éloges
vraiment immérités, qu'avec une si spirituelle déli-
catesse vient de m'adresser Monsieur le baron
Séguier, je vous demande la permission d'en rete-
nir seulement, comme un précieux encouragement,
l'expression d'une bienveillance à laquelle je ne
saurais répondre que par la simple bonne grâce de
mon merci.

Mesdames, Messieurs,

L'œuvre dont je vais avoir l'honneur de vous
entretenir est une œuvre d'union, de liberté, de
devoir social.

La présence, dans le Comité qui la patronne et la
recommande à vos sympathies, d'hommes apparte-
nant à des confessions religieuses différentes, profes-
sant des opinions philosophiques diverses, se ratta-
chant par leurs origines, par leurs convictions, par
les actes de leur vie publique, à des partis opposés,
n'est-elle pas une démonstration éloquente, dispen-
sant de tout commentaire, de la pensée d'union

sociale qui a présidé à l'organisation de cette réunion ? Adversaires sur d'autres terrains, divisés sur des questions qui sollicitent les préoccupations les plus élevées de leurs consciences, les uns et les autres, vaiqueurs ou vaincus de la veille ou du lendemain, ont foi en la puissance souveraine et réparatrice de la liberté. Réunis en ce jour pour la défense d'une noble cause, c'est aux armes seules de la liberté qu'ils veulent devoir son triomphe.

Si j'ajoute qu'avec fierté, reconnaissance et cordialité, ils ont recueilli l'adhésion des personnalités les plus distinguées de cette colonie étrangère, devenue paloise par tant de sentiments et d'intérêts communs, je n'aurai pas grand'chose à ajouter, je le crois, pour caractériser la largeur d'esprit, le libéralisme pratique qui nous inspirent et que nous désirons vous faire partager.

Union, liberté, devoir social ! Telle pourrait être notre devise ! Permettez-moi d'en saluer, en votre nom, la réalisation vivante dans la personne de l'homme éminent, dont la présence à notre tête est, à elle seule, un programme. Porteur d'un nom illustre, qui sonne clair aux oreilles françaises, souvenir pur et glorieux des grandes institutions de l'ancienne France et de leurs luttes pour la liberté, écho des aspirations les plus généreuses de la France nouvelle, M. le baron Séguier a été toute sa vie, simplement et dignement, l'homme de la conscience politique et du devoir social. Initiateur à Pau des œuvres les plus généreuses d'union, d'utilité et de charité, il occupe dans cette ville, dont tant de services rendus l'ont fait citoyen, une situation supérieure aux partis, faite de l'estime, du respect et de la reconnaissance de tous....

S'il avait fallu remporter une victoire sur les con-

victions de cette brillante assemblée, vous l'auriez
remportée, Monsieur le Président, par votre seule
présence. Et je n'aurais eu que la tâche, plus modeste
et plus facile, d'en dégager les résultats.

Mais il n'y a pas pour nous, heureusement, de
convictions à forcer. Et peut-être, au premier abord,
pourrions-nous mériter le reproche, en défendant à
Pau la cause du repos dominical, d'enfoncer une porte
ouverte.

A l'honneur de notre Béarn, fidèle à ses traditions,
il faut constater que le repos du dimanche est généralement observé. Les travaux agricoles sont inter-
rompus, les chantiers restent déserts, et, dans la
plupart de nos usines, le nombre des travailleurs
du dimanche — certains membres de notre comité
donnent à cet égard un méritoire exemple — est
réduit dans les limites que permettent les nécessités
de l'organisation et de l'outillage industriels.

Le bien est réel : mais ne peut-on aspirer au mieux,
dédaigneux du proverbe, menteur comme tant de
proverbes, qui veut que le mieux soit toujours l'en-
nemi du bien ?

Il y a, convenons-en, bien des ombres au tableau.
Si les ouvriers peuvent, en général, jouir dans une
large mesure du repos dominical, que d'ouvrières,
que d'employés de commerce, à qui, sans nécessité
sérieuse, ce repos est parcimonieusement mesuré !
Dans les chemins de fer, dans l'Administration des
postes, c'est à peine si, depuis quelque temps, de trop
légers adoucissements sont apportés à la règle brutale
qui courbait des milliers d'hommes, nos frères, nos
égaux, sous le joug de fer d'un labeur ininterrompu...

Regardez autour de vous, vous tous qui pouvez
sans peine jouir le dimanche d'un repos, que d'ailleurs
les autres jours de la semaine vous réservent souvent,
et demandez-vous si, loin d'être un exemple, votre
loisir n'est pas fait parfois pour exciter chez de moins
heureux que vous, une amère envie.

Et cependant, Messieurs, presque tous les esprits
sont d'accord aujourd'hui pour reconnaître la nécessité sociale du repos dominical.

Et ce serait abuser, je crois, de la bienveillante
attention que vous me prêtez, que d'instituer sur ce
point une démonstration en forme.

Je dois cependant, pour l'honneur de notre cause,
rappeler les faits, les principes qui donnent à la nécessité du repos dominical, la force d'une vérité
démontrée.

Le repos hebdomadaire, Messieurs, — je dis à
dessein *hebdomadaire* en ce moment — est nécessaire
à l'homme au point de vue hygiénique. Un travail
continu use l'organisme, en fausse les ressorts fati-
gués. S'il est courbé sur sa besogne sans trève ni
merci, ne respirant jamais, sous la chaude et douce
lumière du soleil, l'air libre et pur, l'ouvrier de la
mine, de la fabrique, de l'atelier, vieillit avant l'âge.

C'est que la vie du travailleur, quel qu'il soit, est
une lutte contre la nature, à laquelle, par l'outil
comme par la pensée, il cherche à arracher ses secrets.
Cette lutte, où la nature n'épuise pas sa sève féconde,
exaspèrerait, énerverait, démolirait peu à peu les
forces du travailleur, si, au jour du repos, dans la
paix profonde des choses, par ses yeux réjouis de
lumière, par sa poitrine ouverte aux souffles vivifiants,

par tous ses sens jouant dans la plénitude de leur
libre développement, la nature maternelle ne lui
rendait les forces épuisées dans le combat qu'il
soutient contre elle. « Pendant que la manufacture
« s'arrête, a dit Macaulay, pendant que la charrue
« dort sur le sillon, pendant que la fumée cesse de
« s'échapper de la cheminée de la fabrique, la nation
« ne s'enrichit pas moins que pendant les jours labo-
« rieux de la semaine. L'homme, la machine des
« machines, se repose et se remonte, si bien qu'il
« retourne à son travail du lendemain avec l'intelli-
« gence plus lucide, plus de courage à l'œuvre et
« une vigueur renouvelée. »

Et ce repos hebdomadaire, Messieurs, nécessaire à
la santé physique du travailleur, loin d'être fatal au
développement économique de la société, est favorable
à sa marche normale.

L'excès de travail use l'individu : l'excès de production écrase les sociétés. D'une paresse industrielle
fâcheuse, à laquelle, bien avant nous, avaient renoncé
les nations laborieuses comme l'Angleterre, nous
sommes arrivés peu à peu à une production effrénée.
Je ne parle pas devant une assemblée d'économistes,
et je m'en voudrais de vous fatiguer de chiffres et de
statistiques. Mais j'affirme un fait que vous connais-
sez, dont certains d'entre vous souffrent dans leurs
intérêts : on produit trop. La machine a centuplé, et
au delà, les forces productrices de l'homme. La
consommation, dans son développement, n'a pas
suivi la même progression. De là une gêne générale,
une sorte de pléthore, de congestion de notre organisme économique.

Le repos hebdomaire, s'il est généralisé, s'il ralentit normalement la production, sans arrêter la consommation, en l'augmentant même à certains points de vue, est un puissant palliatif, sinon un remède souverain.

Et c'est ainsi, Messieurs, que les philosophes et les économistes d'estaminet, qui professent des axiomes comme celui-ci : « du moment qu'il faut manger le dimanche, il faut aussi travailler, » nous paraissent aujourd'hui dire des sottises. C'est, au contraire, parce qu'on mange le dimanche, et même parce qu'on mange davantage, qu'il est utile au bon fonctionnement économique de la société de se reposer ce jour-là.....

J'ai dit, Messieurs, *repos hebdomadaire*. On a essayé à diverses époques, notamment pendant la période révolutionnaire, et dans un but que vous devinez, de substituer à la semaine une autre division du temps et de séparer les jours de repos par d'autres intervalles. Les traditions ont été les plus fortes : et, vous faisant grâce sur ce point d'une érudition de dictionnaire, je constate l'accord actuel de tous les penseurs de toutes les écoles, des libéraux et des socialistes, des chrétiens et des athées, sur la nécessité, pour la santé des travailleurs, d'un repos hebdomaire.

Considération sérieuse, Messieurs, digne de votre attention, mais qui, cependant, dans notre pensée, est moins importante, moins poignante que celle-ci, à savoir, que le repos hebdomadaire est nécessaire au développement intellectuel et moral — je vais plus loin — à la vie même intellectuelle et morale du travailleur.

La paresse avilit l'homme, mais le loisir l'ennoblit. L'âme la plus vigoureuse, la plus vaillante, la plus entraînée à l'étude, à la recherche du vrai, domine à grand'peine la lassitude des fatigues physiques exagérées.

Quand l'ouvrier, courbé du matin au soir sur le sillon, sur l'outil, astreint sans répit à une besogne toujours la même, pourra-t-il se placer en face de lui-même et de cet univers, dont on lui a appris qu'il est le roi, élever son esprit jusqu'à la vérité, réveiller son intelligence de l'assoupissement où l'engourdissent les dures besognes quotidiennes ? Le loisir seul, en lui donnant le sentiment de son indépendance, de son égalité morale avec les heureux de la vie, lui permet de lever son front et d'interroger de son regard les horizons intellectuels, que personne n'a le droit de lui barrer. Ni la Science, ni les Lettres, ni l'Art ne sont domaines fermés où les pauvres ne peuvent entrer. A ce patrimoine commun de l'humanité, conquis sur la nature par le génie, le travail, le lent effort des siècles, les plus humbles ont leur part : elle est sacrée.

Le loisir est moralisateur, car il engendre la joie. Et la joie nous rend meilleurs. Donnez à celui qui souffre, un jour d'oubli, de lumière, permettez-lui de jouir sans souci du ciel bleu qui est le même pour le riche et le pauvre, et du soleil de Dieu, qui luit pour tout le monde, la révolte s'apaise dans son cœur : la bonté infinie de la Nature fait son œuvre de paix.

Mais, Messieurs, c'est ici que l'accord n'est plus universel. Si, théoriquement, le repos hebdomadaire, pris un jour ou un autre, mais à intervalle régulier, peut suffire à la santé physique du travailleur, nous pensons, nous, que, pour son développement intellectuel et surtout pour son grandissement moral, le repos hebdomadaire doit être le repos dominical.

Un jour de repos commun à toutes les classes de la société est nécessaire à la paix sociale. Le loisir isolé peut être utile au penseur, au philosophe, et Dieu me garde de médire de la solitude que les âmes profondes savent peupler de grandes idées ! Mais tout le monde n'est pas philosophe, et les âmes moyennes ne s'épanouissent pas dans le désert. Le travail divisé nous sépare les uns des autres, nous enferme dans les compartiments étanches des professions, des habitudes journalières.... Ouvrez à tous, à la même heure, au même jour, les portes de la liberté ! On se voit, on se regarde, on apprend à se connaître. Dans l'égalité des églises et des temples, dans la cohue joyeuse des lieux publics, on se coudoie, on se touche. L'homme n'apparaît plus à l'homme sous l'aspect d'un supérieur qui surveille ou d'un inférieur qui subit le joug. L'égalité dans le loisir diminue les distances ; la courtoisie de la race fait le reste.

Le dimanche traditionnel peut seul opérer ces rapprochements.

Le dimanche seul est aussi le jour de fête de la famille. On rougit pour son temps d'avoir à démontrer de pareils axiomes. Comment ! Depuis plus de dix-huit cents ans toutes les traditions religieuses et sociales des peuples chrétiens ont consacré le dimanche comme le jour du repos ! Cette tradition universelle est si profonde qu'elle s'impose dans les faits, au respect, aux habitudes des hommes les plus hostiles aux idées religieuses ! Et sous prétexte que si le repos hebdomadaire est une nécessité sociale, le repos dominical est « un anachronisme humiliant, — je « cite, Messieurs, les propres paroles d'un adversaire « de nos idées, — le signe honteux d'une domination

« théocratique toujours menaçante », il y a des esprits
dont je ne conteste pas la bonne foi, mais dont je
plains l'asservissement à des préjugés surannés, qui
ferment les yeux à cette vérité, éclatante pour nous
comme la lumière du jour, que le repos dominical
seul est le repos social et le repos familial !

Ah ! Messieurs, que ne puis-je, s'il en était parmi
vous, trouver pour les convaincre, les accents élo-
quents de Proudhon, lorsqu'il écrivait dans son célèbre
Mémoire sur la célébration du Dimanche : « La joie
« du dimanche se répand partout, les douleurs plus
« solennelles sont moins poignantes, les regrets moins
« amers, les sentiments s'épurent, les époux retrou-
« vent une tendresse vive et respectueuse, l'amour
« maternel ses enchantements, la piété des fils
« s'incline avec plus de docilité sous la tendre sollici-
« tude des mères..... »

Oui, dans notre vie agitée, tourmentée de tant de
soucis divers, — et plus l'on descend l'échelle des
situations sociales, plus la nécessité de ce rapproche-
ment s'impose — le dimanche seul rapproche le père
et la mère de leurs enfants, fait communes leurs
joies, communes leurs espérances, réchauffe leurs
tendresses... Le dimanche seul peut être la fête des
foyers. Dans ces repas pris en commun, dans la
maison plus propre, la vie de famille, cette suprême
richesse des pauvres, brille de sa simple et profonde
poésie..... Puis, tout se tient dans notre nature im-
pressionnable et soumise aux sensations. Le repos du
lundi, pris en habit de travail, mène fatalement le
travailleur à l'auberge et le livre à l'alcoolisme : le
repos du dimanche, quand la pureté des enfants l'em-
baume de son exquis parfum, quand le sourire d'une
mère heureuse l'éclaire de sa joie, le pousse aux

longues et calmantes promenades en habits de fête...
On se pare pour sortir, pour paraître ; et comme tout
s'enchaîne, à habits du dimanche, âmes du dimanche !... Ce n'est pas du rêve, Messieurs, c'est la vérité.

J'ajoute, et cette considération est grave, que dans
l'état de nos mœurs, le respect, la facilité du repos du
dimanche est nécessaire à la liberté de conscience.

Messieurs, tous les hommes de bonne volonté, qui
se sont faits les promoteurs de l'œuvre dont je vous
parle, n'ont pas sur les choses religieuses des idées
communes.

S'il en est parmi eux que des croyances positives
ne rattachent à aucune confession religieuse, ils n'ont
eu à faire aucun sacrifice de la moindre parcelle de
leurs convictions pour se joindre à tous ceux d'entre
nous qui voyons dans le repos dominical, non seulement une nécessité sociale, mais aussi un précepte
divin, et qui ne saurions, en aucune façon, renier
pour nos idées une origine que nous considérons
comme un titre de noblesse. Mais, partisans, les uns
et les autres, de la liberté de conscience, et pour ceux
qui pensent comme nous, et pour ceux qui ne pensent
pas comme nous, nous ne croyons pas avoir à démontrer que l'ouvrier, l'employé chrétien, s'il est privé du
repos dominical, ne jouit pas de la liberté d'obéir aux
prescriptions, sacrées pour sa conscience, de sa foi
religieuse. Nous pensons que cette privation du droit
le plus précieux constitue pour lui une servitude, et
comme cette servitude lui est imposée par sa pauvreté,
par sa faiblesse, nous la trouvons humiliante et hon-
teuse pour l'état social dans lequel il doit la subir.

Et nous arrivons à cette conclusion, qui pour nous
tranche souverainement le débat, c'est que le repos

dominical n'est pas une gêne pour le travailleur qui n'a pas de prescriptions religieuses à observer, mais qu'il assure la liberté du travailleur croyant...

En quoi donc le respect du dimanche menace-t-il les conquêtes de l'esprit moderne, et permet-il d'agiter le spectre d'une domination théocratique à jamais abolie ?

C'est pourtant au nom de la liberté de conscience que le respect du repos dominical a été battu en brèche ; et, comme des victoires de la liberté de conscience, on a pu jadis saluer les premiers échecs de ce principe nécessaire.

Dans l'état de nos mœurs, on peut s'en étonner. L'histoire dissipe cet étonnement. Et si, à cet égard, avec la plus entière franchise et la plus absolue indépendance, je ramène votre attention vers le passé, c'est que, des événements du passé je dégagerai un enseignement utile sur l'esprit que nous devons apporter à la défense du repos dominical. Je répondrai ainsi à certaines critiques que, sans nous connaître, on nous adressait d'avance ces jours-ci.

Le respect du repos dominical, prescrit par la loi religieuse qui était, avant la Révolution de 1789, la loi de l'Etat, était protégé par les lois pénales les plus sévères. Si les progrès des mœurs en avaient, en fait, adouci les rigueurs les plus atroces, il n'en était pas moins vrai que des mesures coercitives violentes étaient prises par l'Etat pour assurer l'observation de ce précepte religieux..... Voilà pourquoi, Messieurs, par une tendance fâcheuse de notre nature, qui nous porte à juger les institutions, non par leur principe et leur jeu normal, mais par les abus momentanés dont elles sont le prétexte, le repos dominical était devenu, au xviiie siècle, l'objet des sarcasmes, des railleries des novateurs qui avaient entrepris la réforme, sur tant de points si nécessaire, des institutions de la France...... Les lois religieuses sont des lois d'amour : elles doivent rester des lois de liberté. A la conscience seule — la conscience intangible — d'en assurer le respect et l'exécution !.. Lorsqu'elles subissent l'appui du bras séculier, elles s'affaiblissent et s'abaissent. Elles ne se meuvent plus dans l'éternel, le divin: elles s'associent au sort des institutions éphémères, dont elles ont recherché l'humiliante protection..... Lorsque l'Eglise, après avoir été au moyen-âge, douce aux humbles, redoutable aux puissants, l'asile de toutes les énergies d'un peuple vierge, se fut laissée absorber par l'Etat, ses institutions, frappées de déchéance, étaient vouées d'avance au sort incertain des institutions politiques.... 1789 emporta tout, le bon et le mauvais. Il fallait briser les lois de coercition et libérer le principe des chaînes qui l'avilissaient sous prétexte de le protéger..... On supprima tout, et les dimanches, et les fêtes si nombreuses que l'Eglise avait multipliées, haltes souriantes, dans la rude montée de la vie. Le travailleur fut émancipé, mais émancipé dans la tristesse : le monde nouveau semble porter encore la trace de la douleur dans laquelle il fut enfanté.....

Cependant l'échec du *décadi*, le retour si prompt, au commencement du siècle, de la nation française à ses traditions séculaires amenaient peu à peu la restauration du repos dominical ; un retour partiel aux errements du passé a tout compromis.

Messieurs, je vais peut-être heurter de front, et je

m'en excuse d'avance, les idées de certains défenseurs très-autorisés du repos dominical ; mais j'ai trop de respect pour vous et pour moi-même pour dissimuler ma pensée.

Je considère la loi de 1814 sur la célébration des fêtes et dimanches comme un des plus rudes coups portés au respect du repos dominical...... Avec moins de rigueur sans doute, mais avec le même esprit de confusion entre ces deux ordres distincts, les lois religieuses et les lois pénales, on remettait sous la protection du gendarme le respect du dimanche..... Ce fut une faute énorme. La loi n'était pas applicable et ne fut pas appliquée. Frappée d'une sorte de déchéance originelle, elle étouffait de son ombre morte l'institution qu'elle prétendait protéger..... Et l'impopularité de la loi de coercition et de réaction vint atteindre de nouveau le principe de liberté et de relèvement social du repos dominical.

Quel que soit l'esprit qui les ait inspirés — et chez un grand nombre d'entre eux, j'admets qu'il était hostile — j'ose penser que les législateurs de 1880, en abolissant la loi de 1814, ont rendu, sans le vouloir, un signalé service à l'institution du repos dominical, qui, privée désormais de l'appui fragile et impuissant des lois, ne devra demander son triomphe qu'aux mœurs, à la conscience libre, à la persuasion, à la liberté....

Entendons-nous bien. Il est des faiblesses sacrées que l'Etat a le devoir de protéger, la femme et l'enfant, c'est-à-dire la mère et l'homme futur. Que dans les lois qui règlent les conditions de leur travail dans les manufactures, l'Etat assure à la femme et à l'enfant le repos dominical, c'est, selon nous, son

devoir le plus strict. L'Etat cependant n'a pas osé le
faire. C'est en vain qu'au Sénat et à la Chambre, les
hommes les plus éminents, parmi lesquels je citerai
deux illustres orateurs qui, dans des partis divers,
représentent notre Béarn dans le Parlement, MM. Ches-
nelong et Léon Say, l'un avec sa noble parole qui
traduit avec de si généreux accents les revendica-
tions de la conscience chrétienne, l'autre en s'inspirant du plus spirituel bon sens, ont essayé de briser
la résistance des vieux préjugés. Ils n'y ont pas
réussi..... pour le moment.

« Je me demande, disait M. Léon Say, ce qui peut
« vous empêcher de prononcer le mot « dimanche ».
« Pourquoi ne pas écrire ce mot de votre main? Qu'a-
« t-il de blessant pour vous? Vous avez bien écrit dans
« votre loi les mots « de lundi de Pâques », les mots
« de « lundi de la Pentecôte »; ces mots ne vous ont
« pas choqués, vous n'avez pas trouvé qu'ils soient
« difficiles à prononcer et à écrire.

« Donc, si vous votez le texte de la commission,
« le repos sera obligatoire le lundi de Pâques et le
« lundi de la Pentecôte; mais il ne le sera pas le jour
« de Pâques et le jour de la Pentecôte, parce que
« Pâques et la Pentecôte sont des dimanches, et qu'il
« faut bien prendre garde de mettre dans la loi quelque
« chose qui ressemblerait à l'obligation du repos du
« dimanche! Ainsi c'est le mot de « dimanche » qui
« vous fait peur.

« ..... J'ai déjà vu des assemblées obéir à des préoc-
« cupations de ce genre, mais elles me paraissent
« indignes des députés de la France, indignes d'une
« assemblée comme celle-ci.

« N'imitez pas une assemblée départementale, dont
« j'ai fait partie, qui, obligée de prescrire un jour

« de maigre dans un établissement hospitalier pour
« raison d'économie, prenait la précaution de stipuler
« que ce jour de maigre ne pourrait être le vendredi.
« Vous trouvez sans doute avec moi que de semblables
« préoccupations sont puériles ; j'ai peur cependant
« que vous ne vous laissiez influencer par elles..... »

M. Léon Say n'a pas été écouté.

Pourquoi l'esprit a t-il plus de succès dans une
assemblée comme la vôtre qu'au Parlement?

Messieurs, en dehors de ces lois de protection,
spéciales à l'enfance et aux femmes, nous ne demandons ni ne voulons demander à l'Etat aucune loi
coercitive... Nous le disons très haut, espérant être
entendus de tous...

Ce que nous demandons à l'Etat, et ce que nous
disons de l'Etat, nous le disons des départements, des
communes, des administrations publiques, c'est
l'exemple. Que non seulement, par une sorte de
tolérance de leurs entrepreneurs, mais par une clause
directe des cahiers des charges, le repos du dimanche soit assuré aux travailleurs qu'ils emploient... Si
Monsieur le Maire de Pau, dont la bienveillance est
acquise à notre œuvre, n'était pas retenu à Paris par
les affaires de cette ville, qu'il dirige — Monsieur le
baron Séguier vous le rappelait éloquemment tout à
l'heure — avec tant d'éclat et de libéralisme, il serait,
je le sais, à côté de nous. Nous lui demanderions
alors, et votre assentiment appuyerait notre requête,
de ne pas oublier, dans l'organisation des grands
travaux qui vont commencer, le respect des principes
que j'aurais eu l'honneur d'exposer devant lui.....
Mais les échos de cette réunion arriveront certainement jusqu'à lui; et je connais asssez M. Faisans
pour ne pas craindre de leur prédire un courtois et
sympathique accueil.

Vous le voyez, Mesdames et Messieurs, les libéraux incorrigibles, que nous sommes et que nous resterons, ne demandent rien à la contrainte légale.

Ils considèrent que le repos dominical constitue pour le travailleur un droit.

Ils repoussent pour ce droit l'impuissante et dangereuse protection des lois.

Ils sollicitent l'efficace entraînement des mœurs, se conformant, par des sacrifices volontaires, à la règle du devoir social.

Et c'est ici, Mesdames et Messieurs, que nous nous adressons plus particulièrement à vous.

La question du repos du dimanche peut, en pratique, se présenter sous des aspects très divers.

A l'ouvrier et à l'employé, il faut démontrer que es intérêts matériels et moraux les plus élevés lui font un devoir de pratiquer le repos du dimanche. Je reconnais — et je passe — que cet apostolat est à Pau sans grande utilité. Soit respect des enseignements religieux, soit habitudes traditionnelles, soit aussi besoin de loisir, inhérent à la race et bien explicable sous notre beau ciel, le repos du dimanche est observé à Pau par tous ceux qui le peuvent, et j'ai dit en commençant qu'ils sont l'immense majorité.

C'est donc au regard des patrons, des employeurs, si je puis parler la langue barbare du moment, que des progrès sérieux restent à accomplir.

Et c'est pour travailler, dans la limite du possible, à la réalisation de ces progrès que l'*Association béarnaise pour le repos du dimanche* a été fondée.

Il n'y a pas là, Messieurs, une initiative étrange et de nature à vous étonner.

Les Associations similaires sont nombreuses en

France, leur action est très étendue, et, depuis quelques années, très féconde. La plupart d'entre elles sont affiliées à la *Ligue Populaire*, qui a pour Président d'honneur M. Jules Simon, pour président effectif M. Léon Say, qui compte parmi ses fondateurs et dans son comité M. le cardinal Lecot, Mgr Perraud, MM. Cheysson, de Nordling, l'abbé Garnier, le pasteur Mettetal, Georges Picot, Gaston David, etc., etc. etc.

Quel que soit notre respect pour ces noms dont certains sont illustres, et notre admiration pour les résultats déjà obtenus par la *Ligue Populaire*, nous avons jugé inutile de nous y affilier. D'accord avec elle sur les principes et les moyens d'action, nous avons voulu être autonomes, rester maîtres chez nous, c'est-à-dire, Mesdames et Messieurs, chez vous, car nous ne doutons pas de votre sympathique adhésion. Vous avez pu parcourir nos statuts qu'on vous a distribués tout à l'heure. Les conditions d'admission dans notre œuvre sont bien simples. Ce n'est pas la cotisation de cinquante centimes par an qui peut effrayer, et j'ajoute que les noms des membres de notre Bureau et de notre Comité sont de nature à nous assurer tous les concours.

Vous le voyez, ce n'est pas plus par l'argent que par les lois que nous espérons arriver à restaurer peu à peu le respect du repos dominical.

Nous comptons seulement sur la plus puissante de toutes les forces, que vous avez et que vous ne nous refuserez pas, la bonne volonté.

Oui, par la bonne volonté, et par la bonne volonté seule, nous voulons arriver — et nous arriverons — à assurer à Pau à tous les travailleurs que des nécessités que nous comprenons n'obligent pas au travail du Dimanche, le repos dominical intégral.

Nous désirons — et nous réaliserons notre désir — que, sauf le cas d'absolue nécessité, les ateliers, les magasins, les bureaux soient fermés le samedi soir.

Et si nous avons une confiance aussi absolue dans le résultat, plus ou moins prompt, mais pour nous certain, de nos efforts, c'est que nous avons le secret du succès. Et ce secret, je vais vous le confier. Entre nos mains, il ne pourrait rien : dans les vôtres il pourra tout.

De quoi s'agit-il en somme ?

D'obtenir de l'employeur qu'il laisse à l'employé la liberté du dimanche.

Rien n'est plus simple.

Il s'agit de ne pas l'imposer — vous entendez bien, de ne pas l'imposer — à l'employeur.

J'ai parcouru ces jours-ci, à votre intention, de petites brochures, d'ailleurs très intéressantes, d'où s'échappaient de petits papiers, rédigés dans le même style et portant tous le même titre : *Modèles d'engagement…..*

Vous devinez de quoi il s'agit. Les excellents auteurs de ces brochures voudraient que les membres des comités comme le nôtre courussent les magasins et les ateliers de la ville et obtinssent du négociant, du chef d'industrie, de la couturière (oh ! nous en parlerons tout à l'heure, Mesdames, de la couturière) l'engagement écrit et signé, enregistré peut-être, de fermer le dimanche….. Cet engagement a pour corollaire naturel — je n'ai pas besoin de vous le dire — l'engagement des associés de ne s'adresser qu'aux fournisseurs, signataires de la promesse, en un mot, et pour ne pas mâcher les expressions, il s'agit d'amener les employeurs à respecter le repos dominical par la persuasion, sous la forme particulièrement aimable de la *mise à l'index* des récalcitrants.

De toutes nos forces, Messieurs, nous repoussons cette contrainte. Et nous ne voulons pas plus, pour notre cause, des gendarmes en chapeaux de soie que des gendarmes en bicornes.

Nous ne voulons pas, pour nos idées, d'adhésions hypocrites, nous ne voulons pas rendre plus cruelles encore les dissensions qui nous déchirent, nous ne voulons pas du bien fait par le mal.

Nous, qui n'avons pas mission de parler au nom d'une foi religieuse, qui ne sommes pas dépositaires des promesses éternelles, nous n'avons pas le droit d'imposer — et sous une forme déguisée c'est la contrainte morale et matérielle la plus irrésistible — à un négociant, ce qui dans son esprit — à tort sans doute — pourrait être redouté comme la ruine.

Nous n'avons pas le droit surtout, et dans certains cas cette concurrence serait redoutable, d'exposer à la concurrence de ceux qui nous résisteraient, les braves gens qui auraient marché avec nous.

D'où qu'elle vienne, de l'Etat ou des Associations, la coercition transforme une loi d'amour en loi de haine. Nous n'en voulons pas !

Nous sommes et nous resterons des soldats fidèles de la Liberté, dussions-nous subir par elle de passagères défaites.

Laissant donc toute idée de contrainte, n'ayons recours qu'à la persuasion, à la propagande et, non pas seulement à la propagande par des paroles, comme par le trop long discours que j'inflige à votre bienveillante attention, mais, pour employer un mot, hélas ! d'actualité, à la propagande par le fait.

Le fait, Mesdames et Messieurs, est plus puissant que toutes les démonstrations.

Lorsque les négociants, les chefs d'industrie, seront convaincus qu'ils n'ont aucun intérêt à travailler le dimanche, vous n'aurez pas grand chose à dire pour les décider à laisser à leurs employés un repos dont ils seront les premiers à jouir.

Comment faire naître cette conviction dans leur esprit ?

Par les discours ? Non ! Par les actes.

Je prends rapidement deux ou trois exemples qui sont topiques.

Qui n'a plaint, Messieurs, le sort du facteur des postes, traversant, le dimanche, dans les villes et dans les champs, les groupes joyeux des promeneurs et ne prenant pas sa part du repos commun ? On déblatère contre l'Etat oppresseur, contre cette cruelle administration : que sais-je ? Mais, tout en protestant, on s'en va le samedi soir, à la poste, jeter dans la boîte une lettre, deux, trois, quatre lettres qui devront être distribuées le dimanche.... Et si, malgré tout, l'Administration supprime quelque distribution, si le journal du matin n'arrive qu'à deux heures de l'après-midi, quelles récriminations de tous ceux qui, pour économiser leur substance cérébrale sans doute, préfèrent recevoir leur pensée toute prête de Paris que penser eux-mêmes !..... Supposez, au contraire, que tous les braves gens, convaincus de la nécessité du repos dominical, se dispensent de jeter à la poste, le samedi, toutes les lettres qui ne présentent pas un caractère absolu d'urgence, ou même qui ne sont pas inutiles... Nous écrivons tant de lettres inutiles, que je ne crains pas d'affirmer que si nous parvenions à changer sur ce point nos habitudes, la question du repos dominical des facteurs serait résolue. Mais changer nos habitudes, et les changer dans l'intérêt de pauvres gens qui ne le sauront pas, c'est du sacrifice et du sacrifice anonyme! C'est donc difficile, mais c'est là, Mesdames et Messieurs, le secret que je vous annonçais.

Et ce que je dis des postes, on peut l'appliquer aux chemins de fer. N'envoyez jamais un colis postal le dimanche, écrivez au chef de gare, ainsi que des circulaires ministérielles vous y autorisent et, j'oserais dire, vous y engagent, que vous ne voulez pas recevoir de colis le dimanche.... Par votre fait, par votre petit sacrifice, la question si délicate de la fermeture des gares de petite vitesse, qui intéresse un personnel si nombreux et si méritant, sera résolue ..

Mais laissons les grandes administrations.

Croyez-vous que pour leur plaisir, quand le ciel est bleu, l'air pur, les commerçants restent attachés tristement à leur comptoir pendant la plus grande partie du dimanche, au détriment de leur santé et de leur vie de famille? Non, ils y restent parce qu'ils vous attendent..... Prenez l'habitude, imposez-vous la petite gêne de ne faire jamais — et sauf pour certains articles d'alimentation, c'est très facile, — d'achats le dimanche. Soyez convaincus que le commerçant sera ravi de fermer boutique et que ses employés auront meilleure grâce à vous servir le lundi, lorsqu'ils auront passé en gaicté leur dimanche... Est-ce impossible? Non. Que faut-il? Toujours un changement d'habitude, un petit sacrifice. Qu'est ce petit sacrifice, à côté de tous ceux que la vie nous impose et contre lesquels toute révolte est impuissante?

Vous pouvez beaucoup dans cet ordre d'idées,

Mesdames, et vous devez beaucoup, car vous êtes de grandes coupables... Je suis navré de vous le dire et j'aimerais mieux, si je savais, rouler pour vous dans le sucre des métaphores de ces exquis compliments en lesquels excelle notre ami, M. Adrien Planté, mais j'ai reçu mission de vous gronder... Par ce temps de pénitence, vous me le pardonnerez.

Vous êtes-vous demandé pourquoi les ateliers des tailleuses, des modistes, qui ferment d'habitude vers sept ou huit heures du soir, restent généralement ouverts toute la nuit du samedi au dimanche, et ne ferment souvent que le dimanche dans la journée? Vous êtes-vous demandé dans quelles conditions physiques et morales les pauvres filles, qui, pour un maigre salaire, — je ne parle pas bien entendu du prix des robes, qui est, paraît-il, très élevé — travaillent à votre parure, abordent le repos dominical?... Et vous êtes-vous étonnées qu'elles ne sortent pas toujours par la porte pour s'évader de ce lourd esclavage? Permettez-moi — vous ne m'en voudrez pas, je l'espère — de répondre pour vous. C'est que trop souvent, par une déviation bizarre du sens religieux, vous voulez qu'on vous livre vos robes et vos chapeaux le dimanche, et que vous avez attendu la dernière minute pour les commander... C'est assurément, je n'en doute pas, pour être agréable au Seigneur et réjouir ses regards que vous voulez être belles le dimanche. Eh bien, permettez-moi de vous prier d'avoir plus de confiance en vous-mêmes. Vous êtes charmantes, quelles que soient vos robes. Et si vous pensez qu'une robe nouvelle vous siéra à ravir, résignez-vous, je vous en supplie, à l'inaugurer le mercredi ou le jeudi. J'ignore ce que vous y perdrez, mais je sais ce qu'y gagneront les ouvrières d'abord,

et nous par surcroît, qui aurons ainsi deux dimanches, celui de tout le monde d'abord, et le vôtre
ensuite, que vous donnez à nos yeux, quand il vous
plaît d'être belles...

Je crois, Mesdames et Messieurs, que nous nous
comprenons.

C'est surtout un état d'esprit que nous entendons
créer, un esprit nouveau, si vous le voulez. Et c'est
de cet esprit, se traduisant dans les faits, que nous
attendons la réforme de nos mœurs.

Que chacun de nous saisisse avec empressement
l'occasion de faciliter, par de petits sacrifices, au plus
grand nombre d'ouvriers et d'employés possible, le
repos dominical! Et la réforme, qui de loin peut
paraître effrayante, s'opèrera en quelque sorte toute
seule.

Sans diminuer vos achats, mais en les répartissant
sur d'autres jours, sans changer autre chose que la
date dans vos commandes, vous persuaderez aux
employeurs que leur intérêt n'a rien à souffrir de
l'accomplissement de leur devoir. Soyez convaincus
que vous serez écoutés, lorsque votre prière sera
précédée de cette propagande — la seule bonne, la
seule efficace, — l'exemple.

Tel est, Mesdames et Messieurs, l'esprit et le but
de notre œuvre. Avais-je le droit de vous dire en
commençant qu'elle était vraiment libérale, et de
nature à réaliser entre toutes les bonnes volontés
cette union de jour en jour plus désirable, et, je le
constate avec joie, plus désirée.

Mais c'est surtout — et par là je termine — une
œuvre de devoir social.

Permettre aux humbles, aux petits, aux déshérités,

de jouir du repos dominical, n'est pas un acte d
charité, si du moins on donne au mot charité un autr
sens que celui de bonne grâce.

Ce repos dominical, que vous l'envisagiez au poin
de vue de sa réparation physique, de son grandisse
ment intellectuel, ou de sa vie morale, n'est pas pou
le travailleur une faveur, c'est un droit.

Ce repos est nécessaire à son développement hu
main, à l'accomplissement de sa fonction sociale. –
La société, qui ne lui en assure pas la jouissance
manque à son obligation : le travailleur est so
créancier.

Or, la société, c'est vous, c'est nous, c'est moi. Nou
sommes solidaires de ses fautes dans la responsabilité
nous le serions dans le châtiment.

Tout homme a le droit de grandir. Quand l'ouvrie
vous réclame, ou que ses véritables amis réclamen
pour lui la joie du dimanche, la fête du dimanche, l
halte du dimanche, malheur à qui fermerait so
oreille, et malheur à la société qui n'accorderait pa
de bonne grâce ce qu'on pourrait un jour lui prendr
de force !

Malgré les immenses progrès des sciences, malgr
le développement prodigieux de la richesse, la vie es
dure aux humbles et aux petits. Les appétits et le
besoins ont grandi, et que de voix leurs oreille
n'entendent plus, qui jadis leur disaient les espéran
ces consolatrices !

Messieurs, j'ai souvent fait à Paris, en descendan
l'étroite et obscure rue Saint-Jacques, une réflexio
que je me permets de vous soumettre avant de quitte
cette place. Les vieilles maisons ruinées, lépreuses
très sombres et très hautes, si vieilles et si ruinées

que le contraste avec leur antiquité de nos vêtements
et de nos attitudes modernes semble un bizarre anachronisme, évoquaient pour moi, je ne sais par quel
phénomène d'association d'idées, les jours les plus
noirs du moyen-âge, lorsque torturé par les guerres
civiles, les déprédations féodales, les pestes et les
famines, le petit peuple écrasé vivait dans la terreur
et les alertes continuelles sa misérable existence. Et
je me demandais d'où lui venait cependant sa gaîté,
sa bonne humeur persistantes, et cette force d'expan-
sion qui devait un jour briser tous les obstacles
et rayonner sur le monde en un si prodigieux
éblouissement.... Et je voyais au loin, étincelant sous
le pâle soleil du Nord, le toit de Notre-Dame....
Et je songeais qu'en ces fêtes multipliées par l'Eglise
maternelle, en ces dimanches attendus avec impa-
tience, salués avec joie, ce peuple avait là, dans
l'égalité du Christ, son lieu de repos et d'asile, qu'au
son des orgues et des chants sacrés, sous les voûtes
sublimes, dans la lumière diaprée des verrières
gothiques, ce peuple affaissé s'exaltait dans l'idéal et
que sa misère présente s'irradiait de nobles rêves.....

Et je sentais que là était, dans cette joie fraternelle,
le secret de sa force et de sa vie.

Ces temps ne sont plus : qu'importe ! Regardons
l'avenir !

Heureux et puissants de ce monde, songez à ceux
qui souffrent et qui veulent monter. Donnez-leur le
jour du repos, et laissez-les faire ! Ouvrez-leur bien
grandes, bien hospitalières — et ils sauront les trouver — les portes de ces lieux d'asile que la Foi, que
la Science, que l'Art ont bâti pour eux....... Oublieux
du labeur journalier, laissez-les prier, chanter, rêver !

Faites leur comprendre, par vos sacrifices, que vous montez avec eux, que vous ne voulez pas vous renfermer dans un égoïsme jouisseur, qu'avec eux vous voulez construire cette cité de justice qu'ils entrevoient dans leurs rêves !

Et soyez indulgents à leurs élans et à leurs utopies ; qui sait ce que l'avenir nous réserve !

Dans cette ascension vers un idéal meilleur, imitons les aéronautes qui, dans leur course à travers le ciel, jettent du lest, quand leur vol se ralentit ou qu'un nuage leur cache la lumière du soleil.

La nuit règne autour de nous. Jetons du lest, c'est-à-dire faisons des sacrifices volontaires ! Plus ils seront grands, plus nous monterons ! Plus tôt nous contemplerons ce jour, dont nous apercevons déjà, au delà des nuages menaçants qui nous entourent, l'aurore naissante : l'humanité fraternelle et meilleure !

ASSOCIATION BÉARNAISE

POUR LE

REPOS DU DIMANCHE

·STATUTS

ARTICLE PREMIER. — Il est fondé à Pau une *Association pour le repos du Dimanche.*

ART. 2. — Cette Association a pour but de démontrer la nécessité et les bienfaits du Dimanche au point de vue de l'hygiène, de la morale, de la vie de famille et du bien public, et de chercher à en assurer la jouissance à tous, spécialement aux Ouvriers et aux Employés.

ART. 3. — Elle fait appel à tous ceux qui, sans distinction de croyance religieuse ou d'opinion politique, veulent réclamer ce repos au nom de la fraternité et de la justice.

ART. 4. — Les principaux moyens d'action de l'Association Béarnaise pour le repos du Dimanche sont : l'exemple de ses Membres, les Conférences, les Publications, la Presse, les Pétitions et les démarches auprès des Administrations, des Industriels et des Commerçants.

ART. 5. — On devient Membre de l'Association en

acceptant les présents Statuts et en payant une cotisation annuelle d'au moins *cinquante centimes*.

Sont Membres Donateurs les Adhérents qui paient une somme annuelle de *dix francs* et au-dessus.

Le versement, en une fois, d'une somme de *cent francs* confère à celui qui l'a fait le titre de Fondateur et le dispense, s'il le désire, de toute contribution annuelle.

Les Dames peuvent être Membres de l'Association au même titre et dans les mêmes conditions que les Hommes.

ART. 6. — Le Comité de l'Association siège à Pau; il se compose de dix à vingt Membres Français ou Etrangers.

Il se renouvelle par quart tous les ans par voie de tirage au sort. Les Membres sortants sont rééligibles.

ART. 7. — Le Comité nomme pour diriger ses travaux un Bureau composé d'un Président, de deux Vice-Présidents, de deux Secrétaires et d'un Trésorier. Les pouvoirs du Bureau sont annuels et ses Membres sont rééligibles.

ART. 8. — Le Comité convoque tous les ans les Membres de l'Association à une Assemblée générale ordinaire qui doit avoir lieu au mois de Janvier. Il rend compte des travaux de l'Association pendant l'année écoulée.

FORMULE D'ADHÉSION

, le   189

Nom et Prénoms :

Profession :

Adresse :

Adhère à l'œuvre du Comité pour le Repos du Dimanche.

(Signature)

Adresser l'Adhésion et la Souscription à M. LAMBERT MIRAT, *Trésorier de l'Association*, rue Préfecture, 1.

COMITÉ DE L'ASSOCIATION

Président :	M. le Baron Séguier.
Vice-Présidents :	M. Ch. Viguerie. M. A. de Lassence.
Secrétaires :	M. Lavigne. M. Jacob.
Trésorier :	M. Lambert Mirat.

MM. Barbé.
Henry Bergeron.
de Calvinhac.
Gerbaud.
Ginot.
Octave Heïd.
Henry Lasserre.
Malan.
de Menvielle.
Paul O'Quin.
Piche.
Aug. Poeyarré.
Paul Roussille.
Tardieu.

www.ingramcontent.com/pod-product-compliance
Lightning Source LLC
LaVergne TN
LVHW021636170726
843501LV00007B/2245